Dieses Buch gehört

Liebe Eltern,

wir wollen Ihr Kind beim Lesenlernen unterstützen, und zwar mit Geschichten, die Spaß machen.

Unsere Bücher mit dem liebenswerten Leselöwen begleiten Ihr Kind durch die 1. Klasse. Sie enthalten eine spannende Geschichte mit einfachen Sätzen und gut lesbarer Schrift. Viele bunte Bilder sorgen für Lesepausen und helfen, die Geschichte zu verstehen. Mit den Aufgaben zum Text kann Ihr Kind selbst prüfen, ob es den Text richtig verstanden hat. Zu den markierten Wörtern warten am Ende des Buches spannende Fakten und in unserem Onlineportal finden Sie viele weitere Extras!

So wird Ihr Sohn oder Ihre Tochter zum echten Leselöwen!

Ihr

Leselöwe!

Jetzt geht es

los!

CHRISTINA FOSHAG

EIN DETEKTIV FÜR ALLE FÄLLE

ILLUSTRIERT VON DIRK HENNIG

www.leseloewen.de

ISBN 978-3-7432-0303-7
2. Auflage 2021
© 2019 Loewe Verlag GmbH, Bindlach
Umschlag- und Innenillustrationen: Dirk Hennig
Umschlaggestaltung: Michael Dietrich
Vignetten Leselöwe: Angelika Stubner
Printed in the EU

www.loewe-verlag.de

INHALT

EIN NEUER AUFTRAG

MAX RÜBE STEHT VOR DEM
SPIEGEL UND NICKT STOLZ.

DER FALSCHE SCHNURRBART

STEHT IHM GUT.

ER SIEHT AUS

WIE EIN RICHTIGER DETEKTIV.

MAX HAT DREI TOLLE FREUNDE.

GEMEINSAM LÖSEN SIE JEDEN FALL.

FINN WILL SPÄTER

POLIZIST WERDEN.

FINNS HUND SCHNÜFFEL WILL
SPÄTER POLIZEIHUND WERDEN.
UND DIE RABENDAME ROSI
IST AUCH DABEI.

MAX SITZT IN SEINEM
DETEKTIVBÜRO UND
WARTET AUF DEN NÄCHSTEN FALL.
PLÖTZLICH KLINGELT DAS TELEFON.

„GUTEN TAG, DETEKTIV RÜBE",

MELDET SICH EINE STIMME.

„HIER IST DER BÜRGERMEISTER.

WIR BRAUCHEN IHRE HILFE!"

„**DIEBE** SIND UNTERWEGS.

SIE SCHLEICHEN DURCH DIE GÄRTEN

UND STEHLEN SCHUHE.

17 STÜCK SIND VERSCHWUNDEN!"

BESORGT FLÜSTERT ER:

„DIE DIEBE SIND GEFÄHRLICH.

EIN **BEWEISSTÜCK** HAT BISSSPUREN."

GEFÄHRLICHE DIEBE?

MAX HAT KEINE ANGST.

ER KANN KARATE.

„HERR BÜRGERMEISTER", SAGT MAX
MIT FESTER STIMME.
„ICH ÜBERNEHME DEN FALL!"

DETEKTIV RÜBE ERMITTELT

MAX RÜBE ÖFFNET DAS FENSTER.

ER STÖSST EINEN PFIFF AUS.

ROSI KOMMT ANGEFLOGEN.

SIE HAT EINE
RAUPE MITGEBRACHT.

„ROSI", SAGT DER DETEKTIV.

„FLIEG ZUM BÜRGERMEISTER.

WIR BRAUCHEN DAS BEWEISSTÜCK."

ROSI IST SCHNELL WIE EINE RAKETE.
SIE KOMMT MIT EINEM PANTOFFEL
IM SCHNABEL ZURÜCK.
„GUT GEMACHT", LOBT MAX RÜBE.

DER DETEKTIV NIMMT EINE LUPE

AUS SEINEM KOFFER.

DAMIT UNTERSUCHT ER DEN SCHUH.

MAX IST SEHR GRÜNDLICH.

ROSI IST AUCH SEHR GRÜNDLICH.

SIE UNTERSUCHT DIE RAUPE.

DANN SETZT SICH MAX RÜBE

AN DEN SCHREIBTISCH.

ER DIKTIERT IN SEIN HANDY:

„BEWEISSTÜCK:

HAUSSCHUH, GRÖSSE 37,

RIECHT NACH KÄSE, FARBE: ROSA,

ANGENAGT, ZAHNABDRÜCKE."

„EINS IST SICHER",

SAGT DER DETEKTIV ZU ROSI:

„DIES IST EIN FALL FÜR **PROFIS**.

WIR MÜSSEN TOPFIT SEIN.

AB ZUM MITTAGSSCHLAF!"

RÜBE LÖST DEN FALL

AM ABEND KOMMEN FINN UND
SEIN HUND SCHNÜFFEL ZUM ESSEN.
ZUM ABENDBROT GIBT ES
TOAST MIT SCHINKEN.

NUR ROSI MAG LIEBER TOAST
MIT VIEL MARMELADE.

MAX UND SEIN HELFER FINN

HABEN EINEN PLAN:

„WIR STELLEN UNSERE SCHUHE

IN DEN HAUSEINGANG.

DANN LEGEN WIR UNS
HINTER EINEM BAUM
AUF DIE LAUER",
BESCHLIESSEN SIE.

PLÖTZLICH RASCHELT ES.
EIN VIERBEINIGES WESEN
SCHLEICHT ZUM HAUSEINGANG.
IST DAS DER GESUCHTE DIEB?

DAS UNHEIMLICHE WESEN
SCHNAPPT SICH EINEN
TURNSCHUH UND TROTTET DAVON.

„DER DIEB HAT MEINEN SCHUH!",
BRÜLLT DETEKTIV RÜBE
UND RENNT LOS.

SCHNÜFFEL BELLT UND NIMMT
DIE **FÄHRTE** AUF. AM WALDRAND
STOPPT ER UND WINSELT.
ER HAT ETWAS ENTDECKT!

„WAS FÜR EINE GEFÄHRLICHE
RÄUBERBANDE!", WITZELT FINN.
„EINE FÜCHSIN, DIE SCHUHE KLAUT,
ALS SPIELZEUG FÜR IHRE KINDER!"

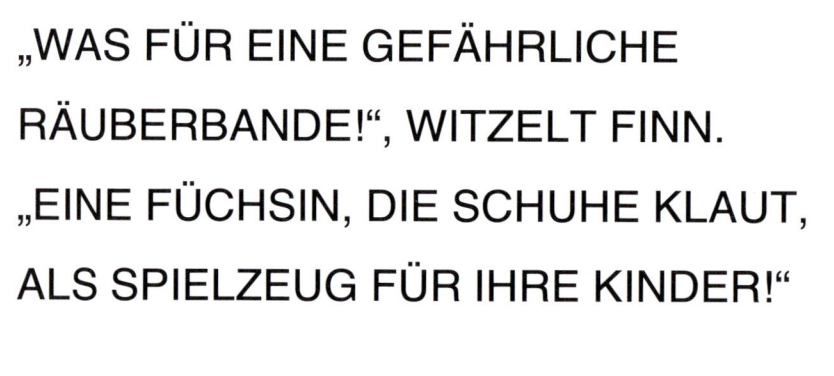

DA LACHT DER DETEKTIV UND RUFT:

„STIBITZT DER FUCHS

MIR MEINEN SCHUH,

LÄSST ER SCHON DIE GANS IN RUH!"

ALLE SIND FROH, DASS DER
FALL SO SCHNELL GELÖST WURDE,
AUCH WENN RÜBE DABEI SEINEN
SCHUH OPFERN MUSSTE.

UND ZU SEINEM NÄCHSTEN
GEBURTSTAG SCHENKT IHM DER
BÜRGERMEISTER HÖCHSTPERSÖNLICH
EIN NEUES PAAR TURNSCHUHE.

Fragen und Antworten

1. **Wie heißt der Detektiv? Kreuze an.**

- ☐ Max Möhre
- ☐ Max Rübe
- ☐ Max Karotte

Antwort: Max Rübe

2. **Wer sind die tierischen Helfer des Detektivs? Immer zwei Silben ergeben einen Namen.**

RO FEL SCHNÜF SI

Antwort: Rosi und Schnüffel

40

3. Was stiehlt der Dieb? Kreise das Wort in der Buchstabenschlange ein.

JACKENHOSENSOCKENSCHUHE
RÖCKEKLEIDER

Antwort: Schuhe

4. Was untersucht Max? Kreise ein.

Antwort: Max untersucht den Schuh.

5. Wer ist der Dieb? Kreuze an.

☐ Eine gefährliche Räuberbande

☐ Eine Füchsin

☐ Eine Rabendame

Antwort: Eine Füchsin

Diebe (Seite 14):

Ein Dieb ist jemand, der etwas gestohlen oder geklaut hat. Die meisten Diebe hinterlassen Spuren am Tatort. Die Aufgabe eines Detektivs ist es, diese Spuren zu finden.

Beweisstück (Seite 15):

Bevor ein Dieb bestraft wird, muss man beweisen, dass er es auch wirklich war. Dafür braucht man Beweisstücke, an denen man den Täter erkennt, zum Beispiel Fingerabdrücke oder Bissspuren.

Profis (Seite 26):

Ein Profi ist jemand, der etwas besonders gut kann. Er ist professionell, ein Fachmann. Wer etwas zwar gern macht, aber nicht als Beruf, ist ein Amateur oder Laie.

Auf die Lauer legen (Seite 31):

Wer auf der Lauer liegt, beobachtet heimlich etwas, um im richtigen Moment einzugreifen. Dafür muss man natürlich nicht wirklich liegen, das sagt man nur so. Die „Lauer" kommt vom Verb „lauern".

Fährte (Seite 35):

Als Fährte bezeichnet man Spuren, die Menschen oder Tiere hinterlassen. Das können sichtbare Fußspuren sein, aber auch Gerüche, die Hunde aufspüren können. Es gibt warme Fährten, die noch frisch sind, und kalte Fährten, die älter sind.

Blättere schnell um und trage die blauen Buchstaben in der richtigen Reihenfolge in die Kästchen ein!

Christina Foshag wurde 1967 in Bremen geboren und ist in Herrenberg aufgewachsen. Sie verbrachte einige Zeit als Au-pair in London und in Villefranche bei Lyon. Nach ihrem Betriebswirtschaftsstudium in Kiel arbeitete sie viele Jahre im Marketingbereich. Mittlerweile lebt sie mit ihrem Mann, ihren beiden Kindern und ganz vielen Eichhörnchen am Stadtrand von München.

Dirk Hennig, 1972 in Dortmund geboren, studierte an der Fachhochschule in Münster Grafikdesign und Illustration. Nach einer Beschäftigung als Grafik- und Webdesigner widmet er sich seit 2005 ganz der Illustration von Kinder- und Jugendbüchern.

Das Leselöwen-Lösungswort

Besuche den Leselöwen auf
www.leseloewen.de und trage
die farbigen Buchstaben
von den Seiten *Schon gewusst?*
in der richtigen Reihenfolge
in die magische Box ein.

Wenn du das Lösungswort
gefunden hast, kommst du auf
die geheime Seite mit vielen
weiteren Spielen und Rätseln!

Der **Leselöwe** freut sich auf dich!

Jetzt
online!